NOUVEAUX PROGRAMMES 2016

Français **CE1**

Ribambelle

Mes outils pour écrire

Référentiel orthographique et lexical illustré

Sous la direction de
Jean-Pierre Demeulemeester
inspecteur
de l'Éducation nationale

Nadine Demeulemeester
conseillère pédagogique

Monique Géniquet
conseillère pédagogique

Gisèle Bertillot
professeure des écoles maitre formateur

Cette publication est conforme à la nouvelle orthographe
www.orthographe-recommandee.info

Cet ouvrage applique l'orthographe recommandée
par le ministère de l'Éducation nationale.

Hatier

Sommaire

Tu peux utiliser *Mes outils pour écrire* pour t'aider à écrire une phrase, un texte ou corriger une dictée, pour vérifier l'orthographe d'un mot, accorder les mots entre eux, retrouver une règle de grammaire, conjuguer un verbe...

Par exemple, tu veux savoir si un mot est un nom ou un verbe, va à la page 14. Tu trouveras une méthode pour ne pas te tromper.

VOCABULAIRE

J'ai besoin d'aide pour... **Je cherche page...**

© Hatier – Paris 2016 – ISBN 978-2-218-99939-0

Achevé d'imprimer en France par Loire Offset Titoulet
Dépôt légal n°99939-0/01 janvier 2016

GRAMMAIRE

J'ai besoin d'aide pour... — Je cherche page...

CONJUGAISON

J'ai besoin d'aide pour... — Je cherche page...

RÉPERTOIRE DE MOTS

J'ai besoin d'aide pour... — Je cherche page...

Conception graphique : Sophie Duclos
Mise en page : Alinéa
Illustrations : Annette Boisnard, Eva Chatelain (p. 6, 10, 11)

les personnes

mes parents

papa
mon père

maman
ma mère

mes grands-parents

papi
pépé
mon grand-père

mamie
mémé
ma grand-mère

les enfants

un garçon
mon frère
un marmot

un bébé
un nouveau-né
un nourrisson

une fille
ma sœur

un monsieur
un homme

une dame
une femme

le maitre

la maitresse

un sourcier

un pêcheur

un meunier

un berger

les personnages

la fée

la sorcière

l'ogre

le sorcier

le prince

la princesse

le roi

la reine

un dragon

un monstre

un géant

un nain

un chef indien

un pirate

un voleur

un sultan

les animaux

un requin

un espadon

un dauphin

un carrelet

une seiche

un grillon

un scarabée

un mulet

un grizzli

un lièvre

le physique

brun(e)

roux – rousse

châtain

blond(e)

l'apparence

beau – belle
magnifique
splendide
superbe

laid(e)
horrible
vilain(e)
affreux(se)

rassurant(e)

effrayant(e)

géant(e)
immense
gigantesque

minuscule
petit(e)

gros(se)
trapu(e)

mince
maigre
élancé(e)

le caractère

tendre
gentil(le)
adorable
agréable
charmant(e)

cruel(le)
méchant(e)
épouvantable
désagréable
insupportable
pénible

moqueur(se)
taquin(e)

courageux

peureux(se)
poltron(ne)

poli(e)

impoli(e)

les sentiments et les émotions

joyeux(se)
content(e)
gai(e)
heureux(se)
satisfait(e)

mécontent(e)
triste
malheureux(se)
insatisfait(e)

fier(ère)

honteux(se)

amoureux(se)

indifférent(e)

excité(e)
furieux(se)
agressif(ve)

calme
paisible

piquer…	être…
une colère noire	vert de peur
un fard	rouge de honte
	rose de plaisir
	blanc comme un linge
	tremblant de peur

passé, présent, futur

avant

maintenant

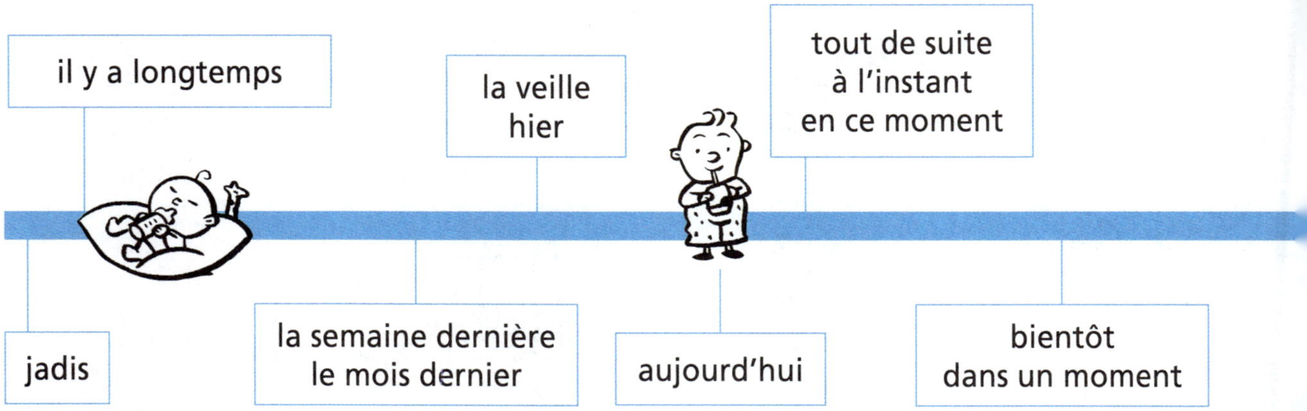

le temps qui passe

la journée

ce matin
à midi
cet après-midi
ce soir
cette nuit

la semaine

lundi
mardi
mercredi
jeudi
vendredi
samedi
dimanche

les mois

janvier
février
mars
avril
mai
juin
juillet
aout
septembre
octobre
novembre
décembre

les saisons

le printemps

l'été

l'automne

l'hiver

après

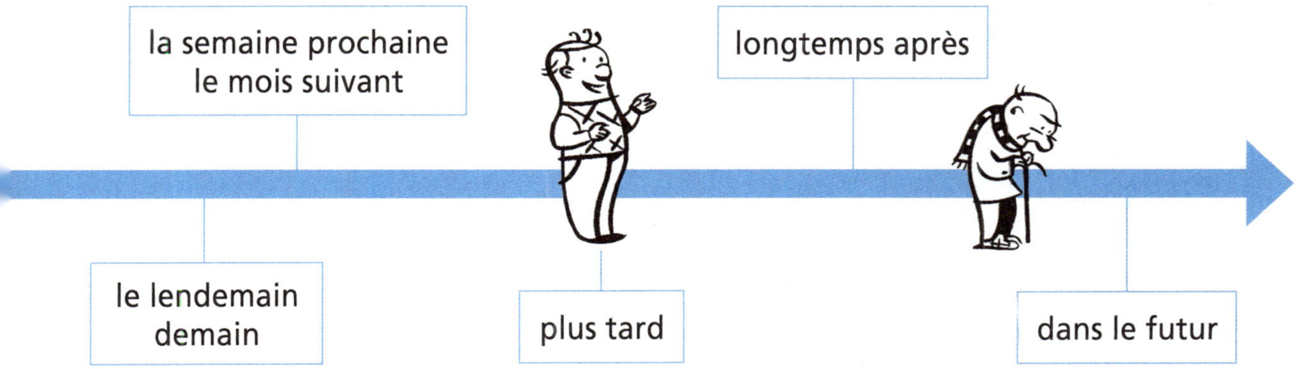

commencer une histoire, un conte

Autrefois
Il y a très longtemps
En ce temps-là

Un jour
Il était une fois

C'est l'histoire de
Cette histoire commence

lier des évènements

qui commencent l'histoire	qui se suivent	qui terminent l'histoire
tout d'abord	et	désormais
au début	puis	enfin
au commencement	ensuite	depuis
	après (cela)	

qui découlent l'un de l'autre	
car	ainsi
donc	alors
mais	

!!!

qui surprennent
soudain
tout à coup
aussitôt
c'est alors que

la position

à la mer

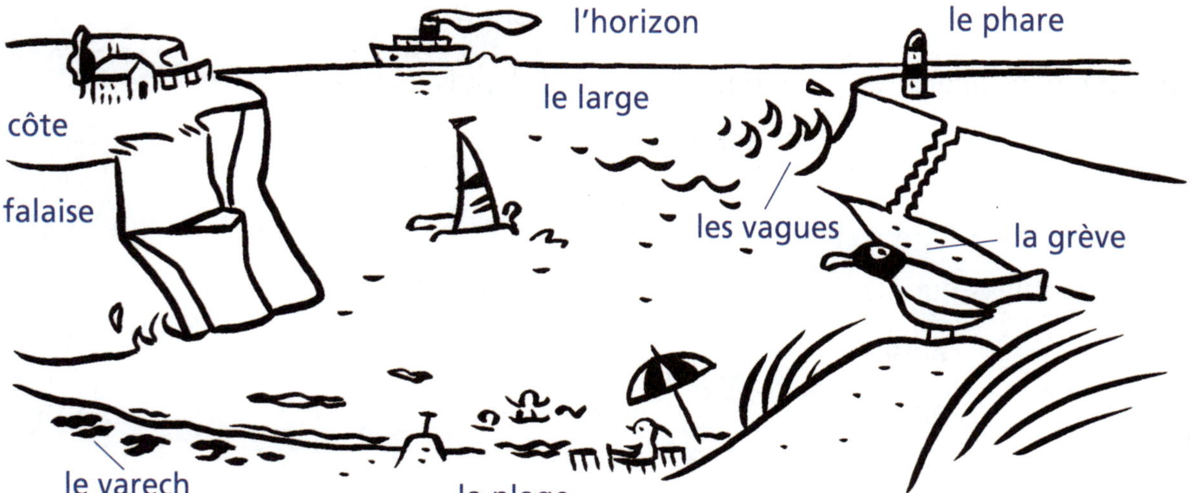

à la montagne

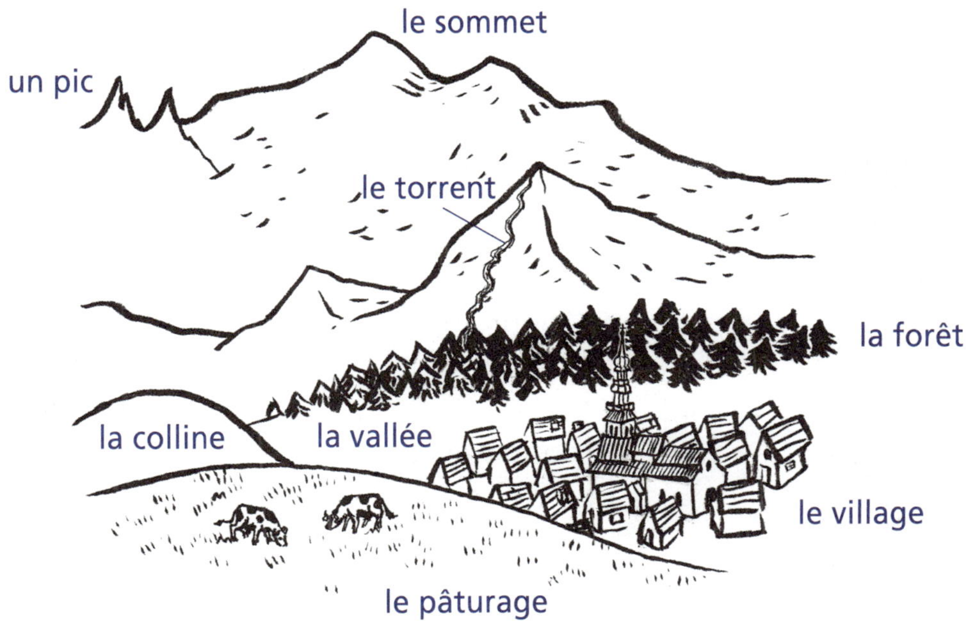

Dire comment

avec force
avec colère
avec fureur
avec violence

en criant
en gesticulant
très fort
tout haut

en silence
en murmurant
tout bas
sans rien dire

avec courage
avec fierté
de toutes ses forces

avec peur
en tremblant
en hésitant

calmement
doucement
lentement
tranquillement

Dire la cause

parce que
parce qu'il(s)
parce qu'elle(s)
parce qu'on

car
alors
donc
c'est pourquoi

puisque
puisqu'il(s)
puisqu'elle(s)
puisqu'on

à cause de

Dire qui parle

	dans le passé	en ce moment
	..., dit-il. ..., répondit-il. ..., cria-t-il. ..., demanda-t-il. ..., expliqua-t-il.	..., dit-il. ..., répond-il. ..., crie-t-il. ..., demande-t-il. ..., explique-t-il.
	..., dit-elle. ..., répondit-elle. ..., cria-t-elle. ..., demanda-t-elle. ..., expliqua-t-elle.	..., dit-elle. ..., répond-elle. ..., crie-t-elle. ..., demande-t-elle. ..., explique-t-elle.
	..., dirent-ils. ..., répondirent-ils. ..., crièrent-ils. ..., demandèrent-ils. ..., expliquèrent-ils.	..., disent-ils. ..., répondent-ils. ..., crient-ils. ..., demandent-ils. ..., expliquent-ils.

Poser une question

Où... ?
Quand... ?
Comment... ?
Combien... ?
Pourquoi... ?

Qui... ?
À qui... ?
De qui... ?
Pour qui... ?
Qui est-ce qui... ?
Qui est-ce que... ?

Quoi... ?
À quoi... ?
De quoi... ?

Quel(s)... ?
Quelle(s)... ?

Est-ce que... ?
Est-ce qu'il(s)... ?
Est-ce qu'elle(s)... ?

Écrire une phrase

1. La phrase affirmative

Les enfants jouent au ballon.

↑ majuscule — point final ↑

2. La phrase négative

Les enfants **ne** jouent **pas** au ballon.

Les enfants **ne** jouent **plus** au ballon.

Les enfants **ne** jouent **jamais** au ballon.

↑ majuscule — point final ↑

3. La phrase interrogative

Les enfants jouent au ballon ?

Les enfants jouent-ils au ballon ?

Est-ce que les enfants jouent au ballon ?

Pourquoi les enfants jouent-ils au ballon ?

↑ majuscule — ↑ point d'interrogation

4. La phrase exclamative

Les enfants jouent encore au ballon !

Arrêtez de jouer au ballon !

↑ majuscule — ↑ point d'exclamation

Connaitre la nature des mots

1. Pour savoir si un mot est un nom

▶ **J'essaie de placer un, une ou des devant.**

un cheval   une boite   des lampes

2. Pour savoir si un mot est un adjectif

▶ **Je regarde si le mot donne des précisions sur un nom.**
L'adjectif peut être **placé avant** ou **après le nom**.

un petit **champignon**   un **champignon** énorme

3. Pour savoir si un mot est un verbe

▶ **Je change le temps** (passé, présent ou futur) de la phrase puis je repère le mot qui a été modifié.

au présent → Ce matin, le vent souffle.

au passé → Hier, le vent soufflait.

▶ **Je change de personne** puis je repère le mot qui a été modifié dans la phrase.

L'enfant va à l'école.

Les enfants vont à l'école.

Nous allons à l'école.

▶ **Je transforme à la forme négative** puis je repère le mot situé entre **ne** et **pas** ou **ne** et **plus**.

Pierre ferme la porte.

Pierre ne ferme pas la porte.

Pierre ne ferme plus la porte.

Choisir et écrire les déterminants

1. Les déterminants utilisés le plus souvent

singulier	pluriel
un chat	des chats
une chatte	
le chat	les chats
la chatte	

⚠ l'ourson

2. Les déterminants pour dire à qui cela appartient

singulier	pluriel
mon jouet / ma peluche	mes jouets
ton jouet / ta peluche	tes jouets
son jouet / sa peluche	ses jouets
notre jouet / notre peluche	nos jouets
votre jouet / votre peluche	vos jouets
leur jouet / leur peluche	leurs jouets

3. Les déterminants pour montrer quelqu'un, quelque chose

singulier	pluriel
ce jouet	ces jouets
cet avion	
cette fille	

Accorder au féminin

1. Pour écrire un nom au féminin

▶ **Le plus souvent, on ajoute un e à la fin du nom masculin.**

un ami → une amie
un lapin → une lapine
un marchand → une marchande

▶ Quelquefois, la dernière consonne du nom masculin est doublée.

un chat → une chatte
un chien → une chienne

▶ Quelquefois, le féminin et le masculin sont différents.

le boulanger → la boulangère
un infirmier → une infirmière
un danseur → une danseuse
le directeur → la directrice
le maitre → la maitresse
un garçon → une fille
un homme → une femme

AUTRES EXEMPLES

une bouchère, la passagère…
la charcutière, une crémière…
la chanteuse, une vendeuse…
une monitrice, l'institutrice…
une tigresse, une ânesse…

2. Pour écrire un adjectif au féminin

▶ **Le plus souvent, on ajoute un e à la fin de l'adjectif masculin.**

un petit camion → une petite voiture
un joli garçon → une jolie fille

▶ Quelquefois, la dernière consonne de l'adjectif est doublée.

un bon repas → une bonne galette
un gros monsieur → une grosse dame

▶ Quelquefois, le féminin et le masculin sont différents.

un garçon menteur → une fille menteuse
un homme heureux → une femme heureuse
un panier léger → une panière légère
un enfant craintif → une enfant craintive
un long chemin → une longue route
un beau cheval → une belle jument

Accorder au pluriel

1. Pour écrire un nom au pluriel

▶ **En général, on ajoute un s à la fin du nom.**

un garçon → des garçons
une fille → des filles

▶ Quelquefois, le pluriel du nom s'écrit avec un **x** à la fin du mot.

un château → des châteaux
un jeu → des jeux
un tuyau → des tuyaux
un chou → des choux

un cheval → des chevaux
un travail → des travaux

▶ Pour les noms terminés par **s**, **x** ou **z**, le pluriel ne change pas.

une souris → des souris
un prix → des prix
un nez → des nez

2. Pour écrire un adjectif au pluriel

▶ **En général, on ajoute un s à la fin de l'adjectif.**

un petit lapin → des petits lapins

une petite table → des petites tables

▶ Quelquefois, le pluriel de l'adjectif s'écrit avec un **x** à la fin du mot.

un beau château → des beaux châteaux

un film original → des films originaux

▶ Pour les adjectifs qui se terminent par **s** ou **x** au singulier, le pluriel ne change pas.

un gros pigeon gris → des gros pigeons gris

un enfant joyeux → des enfants joyeux

Accorder le verbe avec son sujet

▶ **Le verbe s'accorde toujours avec le groupe sujet.**

Quand le groupe sujet est au singulier, le verbe est au singulier.	Quand le groupe sujet est au pluriel, le verbe est au pluriel.

Le chien jappe.
Il

Les chiens jappent.
Ils

L'élève finit son travail.
Il

Les élèves finissent leur travail.
Ils

Le prince est courageux.
Il

Les princes sont courageux.
Ils

La souris a peur.
Elle

Les souris ont peur.
Elles

Choisir le temps pour écrire une histoire

1. Au passé

Autrefois, il y a longtemps

- Le roi et la reine habitaient dans un château et ils avaient beaucoup d'enfants.
- Le roi et la reine ont habité dans un château et ils ont eu beaucoup d'enfants.
- Le roi et la reine habitèrent dans un château et ils eurent beaucoup d'enfants.

2. Au présent

En ce moment

Le roi et la reine habitent dans un château et ils ont beaucoup d'enfants.

3. Au futur

Plus tard, quelques années après

- Le roi et la reine vont habiter dans un château et ils vont avoir beaucoup d'enfants.
- Le roi et la reine habiteront dans un château et ils auront beaucoup d'enfants.

Écrire un verbe conjugué

▶ Avec le pronom **je**.

Verbe à l'infinitif	Passé		Présent	Futur
ÊTRE	j'étais	j'ai été	je suis	je serai
AVOIR	j'avais	j'ai eu	j'ai	j'aurai
PARLER	je parlais	j'ai parlé	je parle	je parlerai
GRANDIR	je grandissais	j'ai grandi	je grandis	je grandirai
ALLER	j'allais	je suis allé je suis allée	je vais	j'irai
FAIRE	je faisais	j'ai fait	je fais	je ferai
PRENDRE	je prenais	j'ai pris	je prends	je prendrai
VENIR	je venais	je suis venu je suis venue	je viens	je viendrai
DIRE	je disais	j'ai dit	je dis	je dirai
DEVOIR	je devais	j'ai dû	je dois	je devrai
VOIR	je voyais	j'ai vu	je vois	je verrai
VOULOIR	je voulais	j'ai voulu	je veux	je voudrai
POUVOIR	je pouvais	j'ai pu	je peux	je pourrai

▶ Avec le pronom **tu**

toujours **s**, sauf *tu peu***x**, *tu veu***x**.

Verbe à l'infinitif	Passé		Présent	Futur
ÊTRE	tu étais	tu as été	tu es	tu seras
AVOIR	tu avais	tu as eu	tu as	tu auras
PARLER	tu parlais	tu as parlé	tu parles	tu parleras
GRANDIR	tu grandissais	tu as grandi	tu grandis	tu grandiras
ALLER	tu allais	tu es allé tu es allée	tu vas	tu iras
FAIRE	tu faisais	tu as fait	tu fais	tu feras
PRENDRE	tu prenais	tu as pris	tu prends	tu prendras
VENIR	tu venais	tu es venu tu es venue	tu viens	tu viendras
DIRE	tu disais	tu as dit	tu dis	tu diras
DEVOIR	tu devais	tu as dû	tu dois	tu devras
VOIR	tu voyais	tu as vu	tu vois	tu verras
VOULOIR	tu voulais	tu as voulu	tu veux	tu voudras
POUVOIR	tu pouvais	tu as pu	tu peux	tu pourras

▶ Avec le pronom il ou on

un garçon, un objet

Verbe à l'infinitif	Passé		Présent	Futur
ÊTRE	il était	il a été	il est	il sera
AVOIR	il avait	il a eu	il a	il aura
PARLER	il parlait	il a parlé	il parle	il parlera
GRANDIR	il grandissait	il a grandi	il grandit	il grandira
ALLER	il allait	il est allé	il va	il ira
FAIRE	il faisait	il a fait	il fait	il fera
PRENDRE	il prenait	il a pris	il prend	il prendra
VENIR	il venait	il est venu	il vient	il viendra
DIRE	il disait	il a dit	il dit	il dira
DEVOIR	il devait	il a dû	il doit	il devra
VOIR	il voyait	il a vu	il voit	il verra
VOULOIR	il voulait	il a voulu	il veut	il voudra
POUVOIR	il pouvait	il a pu	il peut	il pourra

▶ Avec le pronom elle

une fille, une chose

Verbe à l'infinitif	Passé		Présent	Futur
ÊTRE	elle était	elle a été	elle est	elle sera
AVOIR	elle avait	elle a eu	elle a	elle aura
PARLER	elle parlait	elle a parlé	elle parle	elle parlera
GRANDIR	elle grandissait	elle a grandi	elle grandit	elle grandira
ALLER	elle allait	elle est allée	elle va	elle ira
FAIRE	elle faisait	elle a fait	elle fait	elle fera
PRENDRE	elle prenait	elle a pris	elle prend	elle prendra
VENIR	elle venait	elle est venue	elle vient	elle viendra
DIRE	elle disait	elle a dit	elle dit	elle dira
DEVOIR	elle devait	elle a dû	elle doit	elle devra
VOIR	elle voyait	elle a vu	elle voit	elle verra
VOULOIR	elle voulait	elle a voulu	elle veut	elle voudra
POUVOIR	elle pouvait	elle a pu	elle peut	elle pourra

▶ Avec le pronom **nous**

toujours **ons**, sauf *nous sommes*.

toi et moi, un autre et moi, les autres et moi

Verbe à l'infinitif	Passé		Présent	Futur
ÊTRE	nous étions	nous avons été	nous sommes	nous serons
AVOIR	nous avions	nous avons eu	nous avons	nous aurons
PARLER	nous parlions	nous avons parlé	nous parlons	nous parlerons
GRANDIR	nous grandissions	nous avons grandi	nous grandissons	nous grandirons
ALLER	nous allions	ou nous sommes allés nous sommes allées	nous allons	nous irons
FAIRE	nous faisions	nous avons fait	nous faisons	nous ferons
PRENDRE	nous prenions	nous avons pris	nous prenons	nous prendrons
VENIR	nous venions	ou nous sommes venus nous sommes venues	nous venons	nous viendrons
DIRE	nous disions	nous avons dit	nous disons	nous dirons
DEVOIR	nous devions	nous avons dû	nous devons	nous devrons
VOIR	nous voyions	nous avons vu	nous voyons	nous verrons
VOULOIR	nous voulions	nous avons voulu	nous voulons	nous voudrons
POUVOIR	nous pouvions	nous avons pu	nous pouvons	nous pourrons

▶ Avec le pronom **vous**

toujours **ez**, sauf *vous dites*, *vous êtes*, *vous faites*.

un autre et toi,
les autres et toi

Verbe à l'infinitif	Passé		Présent	Futur
ÊTRE	vous étiez	vous avez été	vous êtes	vous serez
AVOIR	vous aviez	vous avez eu	vous avez	vous aurez
PARLER	vous parliez	vous avez parlé	vous parlez	vous parlerez
GRANDIR	vous grandissiez	vous avez grandi	vous grandissez	vous grandirez
ALLER	vous alliez	 ou  vous êtes allés  vous êtes allées	vous allez	vous irez
FAIRE	vous faisiez	vous avez fait	vous faites	vous ferez
PRENDRE	vous preniez	vous avez pris	vous prenez	vous prendrez
VENIR	vous veniez	 ou  vous êtes venus  vous êtes venues	vous venez	vous viendrez
DIRE	vous disiez	vous avez dit	vous dites	vous direz
DEVOIR	vous deviez	vous avez dû	vous devez	vous devrez
VOIR	vous voyiez	vous avez vu	vous voyez	vous verrez
VOULOIR	vous vouliez	vous avez voulu	vous voulez	vous voudrez
POUVOIR	vous pouviez	vous avez pu	vous pouvez	vous pourrez

▶ Avec le pronom **ils**

toujours **ent** ou **ont**.

les garçons,
papa et maman…

Verbe à l'infinitif	Passé		Présent	Futur
ÊTRE	ils étaient	ils ont été	ils sont	ils seront
AVOIR	ils avaient	ils ont eu	ils ont	ils auront
PARLER	ils parlaient	ils ont parlé	ils parlent	ils parleront
GRANDIR	ils grandissaient	ils ont grandi	ils grandissent	ils grandiront
ALLER	ils allaient	ils sont allés	ils vont	ils iront
FAIRE	ils faisaient	ils ont fait	ils font	ils feront
PRENDRE	ils prenaient	ils ont pris	ils prennent	ils prendront
VENIR	ils venaient	ils sont venus	ils viennent	ils viendront
DIRE	ils disaient	ils ont dit	ils disent	ils diront
DEVOIR	ils devaient	ils ont dû	ils doivent	ils devront
VOIR	ils voyaient	ils ont vu	ils voient	ils verront
VOULOIR	ils voulaient	ils ont voulu	ils veulent	ils voudront
POUVOIR	ils pouvaient	ils ont pu	ils peuvent	ils pourront

▶ Avec le pronom **elles**

toujours **ent** ou **ont**.

les filles,
maman et la voisine…

Verbe à l'infinitif	Passé		Présent	Futur
ÊTRE	elles étaient	elles ont été	elles sont	elles seront
AVOIR	elles avaient	elles ont eu	elles ont	elles auront
PARLER	elles parlaient	elles ont parlé	elles parlent	elles parleront
GRANDIR	elles grandissaient	elles ont grandi	elles grandissent	elles grandiront
ALLER	elles allaient	elles sont allées	elles vont	elles iront
FAIRE	elles faisaient	elles ont fait	elles font	elles feront
PRENDRE	elles prenaient	elles ont pris	elles prennent	elles prendront
VENIR	elles venaient	elles sont venues	elles viennent	elles viendront
DIRE	elles disaient	elles ont dit	elles disent	elles diront
DEVOIR	elles devaient	elles ont dû	elles doivent	elles devront
VOIR	elles voyaient	elles ont vu	elles voient	elles verront
VOULOIR	elles voulaient	elles ont voulu	elles veulent	elles voudront
POUVOIR	elles pouvaient	elles ont pu	elles peuvent	elles pourront

Conjuguer un verbe à partir de son infinitif

ÊTRE

présent	imparfait	passé composé	futur simple
je suis	j' étais	j' ai été	je serai
tu es	tu étais	tu as été	tu seras
il est	il était	il a été	il sera
nous sommes	nous étions	nous avons été	nous serons
vous êtes	vous étiez	vous avez été	vous serez
ils sont	ils étaient	ils ont été	ils seront

AVOIR

présent	imparfait	passé composé	futur simple
j' ai	j' avais	j' ai eu	j' aurai
tu as	tu avais	tu as eu	tu auras
il a	il avait	il a eu	il aura
nous avons	nous avions	nous avons eu	nous aurons
vous avez	vous aviez	vous avez eu	vous aurez
ils ont	ils avaient	ils ont eu	ils auront

PARLER

présent	imparfait	passé composé	futur simple
je parle	je parlais	j' ai parlé	je parlerai
tu parles	tu parlais	tu as parlé	tu parleras
il parle	il parlait	il a parlé	il parlera
nous parlons	nous parlions	nous avons parlé	nous parlerons
vous parlez	vous parliez	vous avez parlé	vous parlerez
ils parlent	ils parlaient	ils ont parlé	ils parleront

PRENDRE

présent	imparfait	passé composé	futur simple
je prends	je prenais	j' ai pris	je prendrai
tu prends	tu prenais	tu as pris	tu prendras
il prend	il prenait	il a pris	il prendra
nous prenons	nous prenions	nous avons pris	nous pendrons
vous prenez	vous preniez	vous avez pris	vous prendrez
ils prennent	ils prenaient	ils ont pris	ils prendront

FAIRE

présent		imparfait		passé composé		futur simple	
je	fais	je	faisais	j'	ai fait	je	ferai
tu	fais	tu	faisais	tu	as fait	tu	feras
il	fait	il	faisait	il	a fait	il	fera
nous	faisons	nous	faisions	nous	avons fait	nous	ferons
vous	faites	vous	faisiez	vous	avez fait	vous	ferez
ils	font	ils	faisaient	ils	ont fait	ils	feront

DIRE

présent		imparfait		passé composé		futur simple	
je	dis	je	disais	j'	ai dit	je	dirai
tu	dis	tu	disais	tu	as dit	tu	diras
il	dit	il	disait	il	a dit	il	dira
nous	disons	nous	disions	nous	avons dit	nous	dirons
vous	dites	vous	disiez	vous	avez dit	vous	direz
ils	disent	ils	disaient	ils	ont dit	ils	diront

VENIR

présent		imparfait		passé composé		futur simple	
je	viens	je	venais	je	suis venu(e)	je	viendrai
tu	viens	tu	venais	tu	es venu(e)	tu	viendras
il	vient	il	venait	il/elle	est venu(e)	il	viendra
nous	venons	nous	venions	nous	sommes venus(es)	nous	viendrons
vous	venez	vous	veniez	vous	êtes venus(es)	vous	viendrez
ils	viennent	ils	venaient	ils/elles	sont venus(es)	ils	viendront

ALLER

présent		imparfait		passé composé		futur simple	
je	vais	j'	allais	je	suis allé(e)	j'	irai
tu	vas	tu	allais	tu	es allé(e)	tu	iras
il	va	il	allait	il/elle	est allé(e)	il	ira
nous	allons	nous	allions	nous	sommes allés(es)	nous	irons
vous	allez	vous	alliez	vous	êtes allés(es)	vous	irez
ils	vont	ils	allaient	ils/elles	sont allés(es)	ils	iront

Chercher un mot dans un dictionnaire

J'écoute le premier son du mot, j'entends		Je cherche dans l'ordre		
		en 1er	en 2[e]	en 3[e]
[a]	avion 	a	ha	
[œ]	euro 	eu	œ / œu	heu
[i]	iglou 	i	hi	y / hy
[o]	auto 	au	hô	hau
[ɔ]	otarie 	o	ho	
[y]	usine 	u	hu	
[e]	éléphant 	é / e	hé	ai
[ɛ]	aile 	ai	hai	ê
[ɥ]	huile 	hui		
[wa]	oiseau 	oi	wa	
[u]	ours 	ou	hou	
[ɑ̃]	enfant 	en / em	an	am / han
[ɛ̃]	indien 	in	im	
[ɔ̃]	ongle 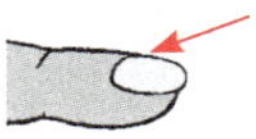	on	om	hon
[k]	cartable 	c	qu	k / ch
[f]	fourmi 	f	ph	
[g]	gomme 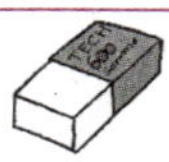	g	gu	
[ʒ]	jupe 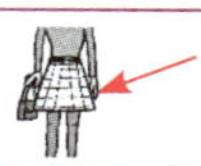	j	g	ge
[s]	souris 	s	c	sc
[ʃ]	chat 	ch	sch	

Écrire correctement les mots les plus courants

* invariable
n. nom
v. verbe
adj. adjectif

A B C D E F G H I J K L M N O P Q R S T U V W X Y Z

A

à*
abandonner *v.*
absolument*
à cause de*
accent *n.*
accepter *v.*
accident *n.*
accrocher *v.*
acheter *v.*
à condition que*
action *n.*
actuel/actuelle *adj.*
actuellement*
adresser *v.*
affaire *n.*
afin de*
âge *n.*
agir *v.*
agréable *adj.*
ah !*
aider *v.*
aigle *n.*
aile *(d'oiseau)* *n.*
ailleurs*
aimer *v.*
ainsi*
air *n.*
ajouter *v.*
aligner *v.*
aller *v.*
allumer *v.*
alors*
alors que*
alouette *n.*
amener *v.*
amer/amère *adj.*
ami(e) *n.*
à mon avis*
amour *n.*
amusant(e) *adj.*
amuser (s') *v.*
an *(année)* *n.*
anchois *n.*
ancien/ancienne *adj.*
animal (animaux) *n.*
année *n.*
annoncer *v.*
à peine*
apercevoir *v.*
apparaitre *v.*
appareil *n.*
appartement *n.*
appel *n.*
appeler *v.*
apporter *v.*
apprendre *v.*
approcher *v.*
appuyer *v.*
après*
après-midi *n.*
arbre *n.*
argent *n.*
arme *n.*
armée *n.*
armoire *n.*
arracher *v.*
arrêter *v.*
arrière *n.*
arriver *v.*
art *n.*
article *n.*
artiste *n.*
assoir (s') *v.*
assez*
assommer *v.*
assurer *v.*
à travers*
attacher *v.*
atteindre *v.*
attendre *v.*
attention
atterrir *v.*
attirer *v.*
attraper *v.*
aucun(e) *adj.*
au-dessous*
au-dessus*
aujourd'hui*
au lieu de*

Les mots de mes textes

A B C D E F G H I J K L M N O P Q R S T U V W X Y Z

au milieu de*
au moins*
auprès de*
au secours !*
aussi*
aussitôt*
autant*
auteur *n.*
auto *n.*
autour*
autre *adj.*
autrefois*
autrement*
avancer *v.*
avant*
avec*
avenir *n.*
avion *n.*
avis *n.*
avoir *v.*
avoir l'air *v.*
avouer *v.*
avril *n.*

B

baguette *n.*
bain *n.*
baisser *v.*
baleine *n.*
bas/basse *adj.*
bassine *n.*
bateau *n.*
battre *v.*
beau/belle *adj.*
beaucoup*
beauté *n.*
besoin *n.*
bête *n.*
bien*
bien sûr*
bientôt*
billet *n.*
blague *n.*
blanc/blanche *adj.*
bleu(e) *adj.*
blouson *n.*
boire *v.*
bois *n.*
boite *n.*
bon/bonne *adj.*
bonheur *n.*
bonhomme *n.*
bonjour *n.*
bord *n.*
bouche *n.*
bouger *v.*
bouillant(e) *adj.*
bouquin *n.*
bout *n.*
bouteille *n.*
branche *n.*
bras *n.*
brave *adj.*
briller *v.*
briser *v.*
broussailles *n.*
bruit *n.*
bruler *v.*
brusquement*
bureau *n.*

C

ça *(va bien !)*
cacher *v.*
cadeau *n.*
café *n.*
cahier *n.*
caissette *n.*
camarade *n.*
cambrioler *v.*
camion *n.*
camionnette *n.*
camp *n.*
campagne *n.*
canapé *n.*
canard *n.*
capable
capturer *v.*
car*
car *(autocar)* *n.*
carreau *n.*
carrelet *n.*
carte *n.*
cas *n.*
cassable *adj.*
casser *v.*

Les mots de mes textes

* invariable

casserole *n.*
cauchemar *n.*
causer *v.*
caverne *n.*
ce *(livre-là)*
ceci
cela
celui/celle
celui-là/celle-là
celui-ci/celle-ci
centaurée *n.*
centre *n.*
cependant*
certain(e) *adj.*
certainement*
ces *(livres-là)*
cesser *v.*
c'est-à-dire*
cet *(ami-là)*
cette *(amie-là)*
ceux
chacun(e)
chair *n.*
chaise *n.*
chaleur *n.*
chambre *n.*
champ *(de blé)* *n.*
champignon *n.*
chance *n.*
changer *v.*
chant *(chanson)* *n.*
chanter *v.*

chaque*
charger *v.*
chasse *n.*
château *n.*
chaud(e) *adj.*
chauffage *n.*
chauffer *v.*
chaussure *n.*
chauvesouris *n.*
chef *n.*
chemin *n.*
cher/chère *adj.*
chercher *v.*
cheval (chevaux) *n.*
cheveu (un) *n.*
chez*
chien/chienne *n.*
choisir *v.*
chose *n.*
ciel *n.*
cinéma *n.*
clair(e) *adj.*
classe *n.*
client(e) *n.*
cœur *n.*
coffre *n.*
coiffeur/coiffeuse *n.*
coin *n.*
colère *n.*
coller *v.*
combien*
comme*

commencer *v.*
comment*
commune *n.*
complet/complète *adj.*
complètement*
comprendre *v.*
compter *(des chiffres)* *v.*
concours *n.*
condition *n.*
conduire *v.*
confiance *n.*
connaissance *n.*
connaitre *v.*
conseil *n.*
construire *v.*
conte *(histoire)* *n.*
content(e) *adj.*
conter *(raconter)* *v.*
continuer *v.*
contraire *n.* et *adj.*
contre*
copain/copine *n.*
coquillage *n.*
corail *n.*
corne *n.*
correspondre *v.*
corriger *v.*
corps *n.*
côté *n.*
cou *(de girafe)* *n.*
coucher *v.*
couleur *n.*

Les mots de mes textes

RÉPERTOIRE DE MOTS

* invariable

coup *(de pied)* n.
couper v.
cour *(de l'école)* n.
courant n. et adj.
courir v.
couronne n.
course n.
court(e) adj.
cousin(e) n.
couter v.
couvrir v.
crayon n.
créer v.
cri n.
crier v.
crise n.
crocodile n.
croire v.
cuillère n.
cuillerée n.
cuir *(la peau)* n.
cuisine n.
cuisinier/cuisinière n.
cuire *(des aliments)* v.
culture n.
curieux/curieuse adj.

D

d'abord*
d'accord*
d'ailleurs*
dame n.
danger n.
dans* *(à l'intérieur)*
danser v.
d'après*
datte n.
dauphin n.
daurade n.
de
dé *(à jouer)* n.
débattre v.
debout*
début n.
décembre n.
décider v.
découvrir v.
dedans*
défendre v.
déguiser v.
dégoutant(e) adj.
dehors*
déjà*
déjeuner v.
demain*
demander v.
demi n. et adj.
dent (une) n.
départ n.
dépendre v.
dépenser v.
depuis*
dernier/dernière adj.
derrière*
des *(plusieurs)*
dès que*
descendre
désir n.
désirer v.
désolé adj.
dessous*
dessus*
deux*
deuxième
devant*
devenir v.
devoir v.
diable n.
dieu n.
différence n.
différent(e) adj.
difficile adj.
dimanche n.
diner v.
dire v.
directement*
directeur/directrice n.
direction n.
diriger v.
discours n.
discuter v.
disparaitre v.
disque n.
docteur n.
doigt n.

Les mots de mes textes

A B C D E F G H I J K L M N O P Q R S T U V W X Y Z

* invariable

donc*
donner *v.*
dont*
dormir *v.*
dos *n.*
doucement*
douleur *n.*
doute *n.*
doux/douce *adj.*
dragon *n.*
dresser *v.*
droit/droite *n.* et *adj.*
drôle *adj.*
du
dur(e) *adj.*
durer *v.*

E

eau *n.*
écaille *n.*
échapper *v.*
éclairer *v.*
éclater *v.*
école *n.*
écouter *v.*
écraser *v.*
écrire *v.*
effet *n.*
effort *n.*
effrayant *adj.*
effrayé *adj.*
également*

eh !*
eh bien*
électrique *adj.*
élève *n.*
élever *v.*
embrasser *v.*
emmener *v.*
émotion *n.*
empêcher *v.*
emporter *v.*
en *(chantant)*
en train de*
encore*
endroit *n.*
enfant *n.*
enfermer *v.*
enfin*
enlever *v.*
ennemi(e) *n.* et *adj.*
ennuyer *v.*
énorme *adj.*
énormément*
enregistrer *v.*
ensemble
ensuite*
entendre *v.*
entier/entière *adj.*
entourer *v.*
entrainer *v.*
entre*
entrée (une) *n.*
entrer *v.*

enveloppe *n.*
envie *n.*
environ*
envoyer *v.*
éparpiller *v.*
épaule *n.*
époque *n.*
équipe *n.*
erreur *n.*
escalade *n.*
escalier *n.*
esclave *n.*
espace *n.*
espadon *n.*
espèce *n.*
espérer *v.*
espoir *n.*
esprit *n.*
essayer *v.*
est-ce que*
et* *(toi et moi)*
étage *n.*
état *n.*
été *(un)* *n.*
étendre *v.*
étoile *n.*
étonner *v.*
étrange *adj.*
étranger/étrangère *n.* et *adj.*
être *v.*
étude *n.*
évènement *n.*

Les mots de mes textes

* invariable

éviter *v.*
euro *n.*
eux
évidemment*
exact(e) *adj.*
exactement*
exaucer *v.*
excellent(e) *adj.*
exemple *n.*
existence *n.*
exister *v.*
expérience *n.*
expliquer *v.*
exploser *v.*
exprès*
expression *n.*
exprimer *v.*

F

face *n.*
facile *adj.*
facilement*
façon *n.*
faible *adj.*
faim *(j'ai faim)*
faire *v.*
fait *(un) n.*
falloir *v.*
famille *n.*
fantôme *n.*
fatiguer *v.*
faute *n.*
faux/fausse *adj.*
fée *(la) n.*
femme *n.*
fenêtre *n.*
fer *(métal) n.*
ferme *n.*
fermer *v.*
fête *n.*
feu *n.*
feuille *n.*
feuilleter *v.*
février *n.*
ficelle *n.*
figure *n.*
fil *(pour coudre) n.*
filet *n.*
film *n.*
fils/fille *n.*
fin *(c'est fini) n.*
finalement*
finir *v.*
fixer *v.*
flamme *n.*
fleur *n.*
foie (le) *n.*
fois (une) *n.*
foncer *v.*
fond *n.*
force *n.*
forcément*
forêt *n.*
forme *n.*
formidable *n.*
fort(e) *adj.*
fortune *n.*
fou/folle *adj.*
foule *n.*
fourchette *n.*
frais/fraiche *adj.*
français(e) *adj.*
frapper *v.*
frère *n.*
froid(e) *adj.*
front *n.*
frontière *n.*
fuir *v.*
fumée *(la) n.*
fumer *v.*

G

gagner *v.*
garage *n.*
garçon *n.*
garder *v.*
gars *n.*
gauche *n. et adj.*
gaz *n.*
géant(e) *n. et adj.*
gêner *v.*
général(e) *adj.*
généralement*
genou *n.*

Les mots de mes textes

* invariable

genre *n.*
gens *(les gens)* *n.*
gentil/gentille *adj.*
geste *n.*
girofle *(clou de)* *n.*
glace *n.*
glaçon *n.*
glisser *v.*
gorge *n.*
gorille *n.*
gosse *n.*
gout *n.*
gouttière *n.*
grâce (à)*
grand(e) *adj.*
grand-mère *n.*
grand-père *n.*
grands-parents *n.*
grave *adj.*
grenouille *n.*
grève *n.*
griffer *v.*
grignoter *v.*
grillon *n.*
gris/grise *adj.*
gronder *v.*
gros/grosse *adj.*
groupe *n.*
guérir *v.*
guerre *n.*
guide *n.*
gymnastique *n.*

H

habiller *v.*
habiter *v.*
habitude *n.*
haine *n.*
harpon *n.*
hasard *n.*
haut(e) *adj.*
hélas*
herbe *n.*
heure *n.*
heureusement*
heureux/heureuse *adj.*
hier*
histoire *n.*
hiver *n.*
homme *n.*
honneur *n.*
hôpital *n.*
horizon *n.*
hors*
hôtel *n.*
huile *n.*
humain(e) *adj.*

I

ici*
idée *n.*
ignorer *v.*
ile *(une)* *n.*
image *n.*
imaginable *adj.*
imaginer *v.*
imbuvable *adj.*
immangeable *adj.*
immense *adj.*
immobile *adj.*
importance *n.*
important(e) *adj.*
impossible *adj.*
impression *n.*
imprudent(e) *adj.*
incapable *adj.*
incassable *adj.*
inconnu(e) *adj.*
incorrect(e) *adj.*
indiquer *v.*
infirmier/infirmière *n.*
inquiet/inquiète *adj.*
installation *n.*
installer *v.*
instant *n.*
instituteur/institutrice *n.*
insulter *v.*
intelligent(e) *adj.*
intention *n.*
intéressant(e) *adj.*
intéresser *v.*
intérêt *n.*
intérieur *n.*
inventeur *n.*
inviter *v.*

Les mots de mes textes

RÉPERTOIRE DE MOTS

* invariable

A B C D E F G H I J K L M N O P Q R S T U V W X Y Z

J

jamais*
jambe *n.*
janvier *n.*
jardin *n.*
jaune *adj.*
jeter *v.*
jeu *(de cartes)* *n.*
jeudi *n.*
jeune *n.* et *adj.*
jeunesse *n.*
joie *n.*
joli(e) *adj.*
jouer *v.*
jour *n.*
journal/journaux *n.*
journée *n.*
juger *v.*
juillet *n.*
juin *n.*
jumelles *n.*
jus *n.*
jusqu'à*
jusqu'à ce que*
jusqu'à ce qu'il(s)
jusqu'à ce qu'elle(s)
jusque*
juste
justement*
justice *n.*

K

képi *n.*
kilogramme *n.*
kilomètre *n.*
kiwi *n.*
koala *n.*

L

l' *(l'ami)*
la
là* *(ici)*
là-bas *
là-dedans*
là-dessus*
là-haut*
laine *n.*
laisser *v.*
lait *(de vache)* *n.*
lampe *n.*
lancer *v.*
langue *n.*
lanterne *n.*
la plupart*
laquelle
large *adj.*
larme *n.*
laver *v.*
leçon *n.*
léger/légère *adj.*
lendemain *n.*
lequel
lettre *n.*
leur
lever *v.*
lèvre *n.*
liasse *n.*
liberté *n.*
libre *adj.*
lieu *n.*
lièvre *n.*
ligne *n.*
lion/lionne *n.*
lire *v.*
lit *n.*
litre *n.*
livre *n.*
livrer *v.*
loi *n.*
loin*
long/longue *adj.*
longtemps*
lorsque*
lorsqu'il(s)
lorsqu'elle(s)
louer *v.*
loup *n.*
lourd(e) *adj.*
lui
lumière *n.*
l'un/l'une
lundi *n.*
lutte *n.*

Les mots de mes textes

M

machine *n.*
madame *n.*
mademoiselle *n.*
magasin *n.*
magazine *n.*
magicien/magicienne *n.*
magie *n.*
magnifique *adj.*
mai *(le mois) n.*
main *n.*
maintenant*
mais*
maison *n.*
maitre/maitresse *n.*
mal *adj.*
malade *n.*
maladie *n.*
malgré*
malheur *n.*
malheureusement*
malheureux *adj.*
malheureuse *adj.*
maman *n.*
mangeable *adj.*
manger *v.*
manquer *v.*
maquereau *n.*
marchand(e) *n.*
marché *(le) n.*
marcher *v.*
mardi *n.*
mari *n.*
mariage *n.*
marier *v.*
marmite *n.*
marrant *adj.*
marron *adj.*
mars *n.*
massue *n.*
mât *n.*
matière *n.*
matin *n.*
mauvais(e) *adj.*
me
mécanique *n.* et *adj.*
mécontent(e) *adj.*
médecin *n.*
médecine *n.*
meilleur(e) *adj.*
mélanger *v.*
mêler *v.*
même
mémoire *n.*
ménage *n.*
mener *v.*
mer *n.*
merci*
mère *(maman) n.*
mes *(à moi)*
mesdames *n.*
messieurs *n.*
mesure *n.*
métier *n.*
mètre *(mesure) n.*
métro *n.*
mettre *v.*
meuble *n.*
micro *n.*
mien
mieux*
milieu *n.*
mille *adj.*
million *n.*
minute *n.*
moderne *adj.*
moi *(toi, lui)*
moins*
mois *(avril...) n.*
moitié *n.*
moment *n.*
mon
monde *n.*
monsieur *n.*
montagne *n.*
monter *v.*
montrer *v.*
moquer (se) *v.*
morceau *n.*
mordre *v.*
mort(e) *adj.*
mot *n.*
moteur *n.*
moto *n.*
mourir *v.*

Les mots de mes textes

* invariable

A B C D E F G H I J K L M N O P Q R S T U V W X Y Z

mouvement *n.*
moyen *n.*
moyenne *n.*
mulet *n.*
multicolore *adj.*
mur *n.*
musée *n.*
musique *n.*
mystère *n.*

N

nager *v.*
nageoire *n.*
naitre *v.*
nature *n.*
naturel/naturelle *adj.*
naturellement*
ne*
nécessaire *adj.*
neige *n.*
nénufar *n.*
nettoyer *v.*
neuf/neuve *adj.*
nez *n.*
ni … ni*
nid *(d'oiseau)* *n.*
n'importe*
n'importe quoi*
noir *adj.*
nom *n.*
nombre *n.*
nombreux/
nombreuses *adj.*
non* *(je dis non)*
non plus*
nord *n.*
normal(e) *adj.*
nos
note *n.*
notre
nouveau/nouvelle *adj.*
novembre *n.*
noyer *v.*
nu(e) *adj.*
nuage *n.*
nuit *n.*
nul/nulle *adj.*
nulle part*
numéro *n.*

O

objet *n.*
obliger *v.*
observer *v.*
obtenir *v.*
occasion *n.*
occuper *v.*
octobre *n.*
odeur *n.*
œil *n.*
œuf *n.*
offrir *v.*
ognon *n.*
ogre *n.*
oh !*
oiseau *n.*
ombre *n.*
oncle *n.*
onyx *n.*
opération *n.*
ordinaire *adj.*
ordinateur *n.*
ordre *n.*
oreille *n.*
ortie *n.*
oser *v.*
ou* *(ou bien)*
où* *(vas-tu ?)*
oublier *v.*
oui*
ouvert(e) *adj.*
ouvrier/ouvrière *n.*
ouvrir *v.*

P

page *n.*
pain *n.*
paix *n.*
pamplemousse *n.*
papier *n.*
par*
par terre
paraitre *v.*

Les mots de mes textes

* invariable

parce que*
pardon *n.*
pareil/pareille *adj.*
parent *n.*
parfait(e) *adj.*
parfaitement*
parfois*
parler *v.*
parmi*
parole *n.*
part *(de tarte) n.*
particulier/particulière *adj.*
partie *n.*
partir *v.*
partout*
parvenir *v.*
pas *
pas du tout*
passage *n.*
passé *(le) n.*
passer *v.*
passion *n.*
pâte *(à tarte) n.*
patte *(animal) n.*
pauvre *adj.*
payer *v.*
pays *n.*
paysan/paysanne *n.*
peau *(du visage) n.*
pêche *n.*
peine *n.*
peindre *v.*

peinture *n.*
pencher *v.*
pendant*
pénétrer *v.*
pénible *adj.*
pensée *(une) n.*
penser *v.*
perdre *v.*
perdrix *n.*
père *n.*
période *n.*
permettre *v.*
personnage *n.*
personne *n.*
petit(e) *adj.*
peu*
peur *n.*
peureux/peureuse *adj.*
peut-être*
photo *n.*
phrase *n.*
pièce *n.*
pied *n.*
pierre *n.*
pieuvre *n.*
pinceau *n.*
piscine *n.*
piquer *v.*
place *n.*
placer *v.*
plage *n.*
plaindre *v.*

plaire *v.*
plaisir *n.*
plan *n.*
plantain *n.*
plat(e) *adj.*
plein(e) *adj.*
pleurer *v.*
pleuvoir *v.*
plonger *v.*
pluie *n.*
plus*
plusieurs*
plutôt*
poète *n.*
poing *(coup de) n.*
point *n.*
pointe *n.*
poisson *n.*
police *n.*
politique *n.*
pont *n.*
portable *n.*
porte *n.*
porter *v.*
poser *v.*
position *n.*
posséder *v.*
possible *adj.*
poste *n.*
pot *(de fleur) n.*
potion *n.*
poule *n.*

Les mots de mes textes

* invariable

A B C D E F G H I J K L M N O P Q R S T U V W X Y Z

poulpe *n.*
pour*
pour que*
pourquoi*
pourri(e) *adj.*
poursuivre *v.*
pourtant*
pousser *v.*
poussière *n.*
poutrelle *n.*
pouvoir *v.*
pratique *adj.*
précieux/précieuse *adj.*
préférer *v.*
premier/première *adj.*
prendre *v.*
préparer *v.*
près*
présence *n.*
présent(e) *adj.*
présenter *v.*
président(e) *n.*
presque*
prêt(e) *adj.*
prêter *v.*
prévenir *v.*
prévoir *v.*
prince/princesse *n.*
principe *n.*
prix *n.*
problème *n.*
prochain(e) *adj.*
professeur *n.*
profiter *v.*
profond(e) *adj.*
programme *n.*
projet *n.*
promenade *n.*
promener *v.*
promettre *v.*
prononcer *v.*
proposer *v.*
propre *adj.*
public *(le)* *n.*
puis*
puisque*
puissance *n.*
puissant(e) *adj.*
punition *n.*
pur(e) *adj.*

Q

qualité *n.*
quand*
quant à*
quand même*
quart *n.*
quartier *n.*
que*
quel/quelle
quelque
quelque chose*
quelquefois*
quelque part*
quelques-uns
quelques-unes
quelqu'un
question *n.*
queue *n.*
qui*
quitter *v.*
quoi*

R

raconter *v.*
radio *n.*
raifort *n.*
raison *n.*
ramasser *v.*
ramener *v.*
ranger *v.*
rapide *adj.*
rappeler *v.*
rapport *n.*
rapporter *v.*
rare *adj.*
rayon *n.*
réalité *n.*
recevoir *v.*
rechercher *v.*
recommencer *v.*
reconnaitre *v.*
refaire *v.*
réfléchir *v.*

Les mots de mes textes

* invariable

refuser *v.*
regard *n.*
regarder *v.*
région *n.*
regrettable *adj.*
reine *n.*
relever *v.*
religion *n.*
remarquer *v.*
remercier *v.*
remettre *v.*
remonter *v.*
remplacer *v.*
remplir *v.*
rencontrer *v.*
rendre *v.*
rentrer *v.*
renverser *v.*
réparer *v.*
repartir *v.*
repas *n.*
repasser *v.*
répéter *v.*
répondre *v.*
réponse *n.*
reprendre *v.*
représenter *v.*
requin *n.*
respirer *v.*
ressembler *v.*
restaurant *n.*
reste *n.*

rester *v.*
résultat *n.*
retard *n.*
retenir *v.*
retirer *v.*
retour *n.*
retourner *v.*
retraite *n.*
retrouver *v.*
réussir *v.*
rêve *n.*
réveil *n.*
réveiller *v.*
revenir *v.*
revoir *v.*
révolver *n.*
riche *adj.*
rien*
rien du tout*
rire *n.*
risquer *v.*
robe *n.*
rocher *n.*
roi *n.*
rôle *n.*
roman *n.*
rouge *adj.*
rouler *v.*
route *n.*
rue *n.*
ruelle *n.*

S

sable *n.*
sac *n.*
saisir *v.*
saison *n.*
sale *adj.*
salle *(la pièce)* *n.*
samedi *n.*
sang *(le)* *n.*
sangle *n.*
sanglier *n.*
sans*
santé *n.*
sauter *v.*
sauver *v.*
savoir *v.*
scarabée *n.*
scène *n.*
se *(se lever)*
sec/sèche *adj.*
second(e) *adj.*
secret/secrète *adj.*
seiche *n.*
seigneur *n.*
sel *n.*
selon*
semaine *n.*
semblable *adj.*
sembler *v.*
sens *n.*
sentiment *n.*

Les mots de mes textes

A B C D E F G H I J K L M N O P Q R S T U V W X Y Z

* invariable

sentir *v.*
séparer *v.*
septembre *n.*
sérieux/sérieuse *adj.*
serpent *n.*
serrer *v.*
service *n.*
servir *v.*
ses
seul(e) *adj.*
seulement*
signe *n.*
silence *n.*
simple *adj.*
simplement*
sinon*
sirène *n.*
situation *n.*
sœur *n.*
soi
soigner *v.*
soin *n.*
soir *n.*
soirée *n.*
sol *n.*
soldat *n.*
soleil *n.*
sombre *adj.*
somnoler *v.*
son *n.*
songer *v.*
sorcier/sorcière *n.*

sorte *n.*
sortir *v.*
soudain*
souffler *v.*
souffrir *v.*
souhaitable *adj.*
soulever *v.*
source *n.*
sourire *n.*
sous*
soutenir *v.*
souvenir *v.*
souvent*
spaghetti *n.*
spécial(e) *adj.*
succès *n.*
suffire *v.*
suite *n.*
suivant(e) *adj.*
suivre *v.*
supérieur(e) *adj.*
supposer *v.*
sur* *(dessus)*
sûr/sure *adj.*
sureau *n.*
surement*
surprendre *v.*
surtout*
surveiller *v.*
statue *n.*
sympathique *adj.*
système *n.*

T

table *n.*
tableau *n.*
taille *n.*
taire *(se taire) v.*
tandis que*
tant* *(beaucoup)*
tant que*
tante *n.*
taper *v.*
tard*
tas *(de sable) n.*
te
technique *n.*
téléphone *n.*
téléphoner *v.*
tellement*
tempête *n.*
temps *n.*
tendre *adj.*
tendresse *n.*
tenir *v.*
tente *(camping)*
tenter *v.*
tenue *(une) n.*
terminer *v.*
terrain *n.*
terre *n.*
terrible *adj.*
tête *n.*
texte *n.*
théâtre *n.*

Les mots de mes textes

thon *n.*
tirer *v.*
tissu *n.*
toi
toit *(maison)* *n.*
tomber *v.*
ton
toucher *v.*
toujours*
tour *n.*
tourelle *n.*
tourner *v.*
tout/toute
tout à coup*
tout à fait*
tout à l'heure*
tout de même*
tout de suite*
tout d'un coup*
tout le monde*
tout le temps*
trace *n.*
train *n.*
tranquille *adj.*
tranquillement*
transformer *v.*
travail *(le)* *n.*
travailler *v.*
travers*
traverser *v.*
trembler *v.*
très*
trique *n.*
triste *adj.*
troisième *adj.*
tromper *v.*
trône *n.*
trop*
trou *n.*
trouver *v.*
truc *n.*
tuer *v.*
tuyau *n.*
type *n.*

U

un/une
un peu*
unique *adj.*
uniquement*
usine *n.*

V

vacances *n.*
vague *n.*
vaisselle *n.*
valeur *n.*
valoir *v.*
vampire *n.*
varech *n.*
vaste *adj.*
vélo *n.*
vendre *v.*
venir *v.*
vent *n.*
ventre *n.*
véritable *adj.*
vérité *n.*
verre *(pour boire)* *n.*
verrou *n.*
vers*
verser *v.*
vert/verte *adj.*
vide *adj.*
vie *n.*
vieillard *n.*
vieillir *v.*
vieux/vieille *adj.*
vif/vive *adj.*
village *n.*
ville *n.*
vin *(à boire)* *n.*
violet/violette *adj.*
visage *n.*
visiter *v.*
vite*
vitesse *n.*
vivant(e) *adj.*
vivement*
vivre *v.*
vœu *(un)* *n.*
voici*
voie *(chemin)* *n.*
voilà*

Les mots de mes textes

voile *n.*
voir *v.*
voisin(e) *n.*
voiture *n.*
voix *(parole)* *n.*
voler *v.*
voleur *n.*
volonté *n.*
votre
vouloir *v.*
voyage *n.*

vrai(e) *adj.*
vraiment*
vue *n.*

W

wagon *n.*

X

xylophone *n.*

* invariable

Y

y* *(elle y va)*
yak *n.*
yeux *n.*

Z

zèbre *n.*
zéro *n.*
zoo *n.*

▶ Les noms propres

Les fêtes	Les lieux	Les villes	Les noms et prénoms
Noël	Corse	Lille	Albert
....	France	Lyon	Jessica
....	Japon	Marseille	Orso
....	Turquie	Paris	Robin
....	Inde	....	Théo
....	....	....	Thérèse
....	....	....	Urashima
....	....	....	Vannina
....	....	....	Vincent
....	....	....	....

Les mots de mes textes

A B C D E F G H I J K L M N O P Q R S T U V W X Y Z